HISTOIRE

DE TREIZE ANS

1830–1843.

HISTOIRE

DE

TREIZE ANS

1830–1843.

PAR

M. ROUSSE.

PARIS

IMPRIMERIE DE DUCESSOIS,

QUAI DES AUGUSTINS, 55.

—

OCTOBRE 1843.

HISTOIRE

DE TREIZE ANS

1830–1843.

Charles X, prince rempli de préjugés, attaché de cœur à l'ancien régime sous le nouveau, cherchait à rétablir des institutions vieillies et à ramener la France au point où l'avait laissée Louis XV.

Les Français furent alarmés, ils envoyèrent à la chambre élective (1827) une imposante majorité constitutionnelle, et le ministère Villèle tomba devant la volonté nationale pour faire place à un cabinet d'une opinion modérée, dirigé par M. de Martignac. Les partis à cette époque étaient trop ardents, trop intraitables, pour accepter un ministère conciliant, modérateur, et le nouveau cabinet eut d'immenses obstacles à vaincre : il répondit aux vœux du parti libéral pour la cause des Grecs. Déjà la flotte des Turcs et des Égyptiens, sous les ordres d'Ibrahim-Pacha, avait été détruite dans la rade, de Navarin, par les flottes combinées de Russie, de France et d'Angleterre. Le gouvernement français résolut de délivrer des Turcs le territoire de la Morée et de la Grèce. Une armée de quinze mille hommes, sous les ordres du géneral Maison, accomplit cette tâche glorieuse, et la Grèce fut affranchie.

Le ministère Martignac avait à lutter contre les passions de tous les partis, contre les vœux de la cour et contre les préventions du monarque. Il succomba, et, le 8 août 1829, le roi Charles X forma un nouveau cabinet, composé de MM. le prince de Polignac, le général Bourmont, de Labourdonnaye et de Montbel, personnages connus par leur éloignement pour les institutions constitutionnelles. C'était un défi jeté à la France. Charles X, en déployant pour la dernière fois, le 2 mars 1830, toutes les pompes de la royauté, déclara, en présence des députés et des pairs assemblés, sa ferme intention de maintenir également intactes nos institutions et les prérogatives de là couronne. L'adresse des députés, en réponse au discours du trône, respectueuse et pleine de mesure, signalait cependant au roi la composition de son nouveau cabinet, comme dangereuse et menaçante pour les libertés publiques. 221 membres contre 181 votèrent cette adresse mémorable. Le roi en fut offensé, il se plaignit dans sa réponse d'un refus de concours qu'elle n'exprimait pas, et termina en annonçant que ses résolutions étaient connues et seraient immuables. La chambre fut prorogée et ensuite dissoute. Le roi rendit l'ordonnance qui convoquait de nouvéau les colléges électoraux : la France était préparée à répondre, et les 221 signataires de l'adresse furent réélus ; mais on pensa qu'il était bon de détourner sur quelque objet extérieur l'attention publique. L'expédition d'Alger fut poussée avec vigueur. La nouvelle de la prise de cette ville importante, publiée à Paris dans les premiers jours de juillet 1830, sembla offrir aux ministres l'occasion la plus propre à faire passer le coup d'état qu'ils avaient médité. Alors le parti de la cour se trouvait réduit à une portion du clergé et de la noblesse. Les royalistes modérés, l'abandonnant, s'étaient réunis à la nation. La nullité des princes, qui allaient chaque jour de la chasse à la messe, avait appelé sur eux le mépris public. Si Charles X eût voulu, déposant la morgue du prétendu droit divin, se réconcilier avec la nation dont la juste résistance l'avait offensé, il en était temps encore, tant cette nation sentait le prix de la paix ; il lui suffisait de prendre des ministres qui fussent pour l'opinion la garantie du régime légal. Il préféra déclarer la guerre aux Français et jouer sa couronne, plutôt que de subir les conséquences du gouvernement représentatif. Il signa, le 25 juillet 1830, les trois fatales ordonnances, dont l'une suspendait la liberté des journaux, l'autre dissolvait la chambre des députés, la troisième renversait les lois électorales et plaçait l'élection dans les mains des grands propriétaires et de l'autorité. Tout ce système illégal s'appuyait sur l'article 14 de la charte. A la nouvelle de ce coup d'état, Paris est dans la stupeur ; une agitation silencieuse annonce bientôt la résistance. Les journalistes en donnent le signal par leur énergique protestation contre des actes qu'ils déclarent nuls : leurs confrères, absents de Paris, regretteront toujours de n'avoir pu s'associer à cette noble action. La plupart des journaux veulent paraître ; mais déjà les imprimeries sont fermées et les ouvriers congédiés. Les manufacturiers, frappés par ce coup funeste au crédit et à l'industrie, renvoient aussi les leurs ; tous les ateliers se vident, et des milliers d'hommes sans ouvrage se répandent dans les rues. La foule se porte surtout vers le Palais-Royal, où l'on s'attroupe devant un cabinet de lecture. Des gendarmes dissipent le peuple ; il se retire avec menace devant la garde royale qui occupait la place. La fermentation se prolongea sourdement pendant la nuit, mais les groupes furent aisément dispersés par les patrouilles.

(27 *juillet*). Le lendemain, le sang devait couler. La police avait reçu ordre d'employer la force. Le journal *le Temps* n'avait pas cessé de paraître. La police alla pour saisir et démonter ses presses. On résista ouvertement, aucun ouvrier ne voulait se prêter à un acte illégal, et celui qui rive les fers des condamnés, brisa le noble instrument propagateur de la pensée. En même temps, les députés constitutionnels qui se trouvaient à Paris, se rassemblaient chez M. Casimir Périer, et faisaient une adresse au roi sur les dangers du pays, avec protestation contre les ordonnances. La chambre déclarait ne pouvoir être dissoute avant d'avoir été réunie, et devoir accomplir sa mission, à moins que la violence n'y mît obstacle. Des députés allèrent aux Tuileries porter cette adresse. Le roi était parti pour Saint-Cloud; mais les ministres y étaient; on n'en put rien obtenir. Ils veulent donc la guerre civile? dit M. Laffite. On ne répondit rien. Des jeunes gens des écoles et autres attendaient avec une ardente impatience les décisions des députés. La gendarmerie les chargea. Ailleurs, les ouvriers couraient avec des bâtons, en criant : *Vive la Charte!* puis se retiraient devant la force armée. Mais les groupes devenaient plus nom-

breux, l'indignation éclatait. Des orateurs populaires montaient sur des chaises, sur des bornes, excitant à la résistance. On comptait les victimes des différents quartiers. La première balle avait percé le cœur d'une jeune femme. Le cadavre fut porté sur les places au cri de vengeance! aux armes! aux armes! mais on n'en avait pas. On désarma les corps-de-garde, on vida les boutiques des armuriers, on se fit arme de tout. Partout la lutte était engagée par des jeunes gens. Des pierres étaient lancées sur la garde royale; mais de meurtrières décharges dans la rue Saint-Honoré repoussèrent les assaillants. Le soir, l'autorité était maîtresse du pavé : les ministres envoyèrent à Saint-Cloud le bulletin de la victoire.

(28 *juillet*). Dès le point du jour, les engagements recommencèrent plus sérieux sur divers endroits. Une ordonnance affichée déclarait Paris en état de siége, et le maréchal Marmont, duc de Raguse, était chargé de son exécution. Mais d'autres affiches que chacun plaquait aux murailles encourageaient les citoyens et indiquaient les moyens de défense : dépaver, barricader les rues, lancer des fenêtres sur les troupes tout objet pesant. Ce qui était dit était fait. Partout des scènes de carnage. Les balles, la mitraille atteignaient dans les rues, aux fenêtres, femmes, enfants, vieillards.

Mais la troupe de ligne tirait en l'air, et bientôt elle céda ses armes aux citoyens en fraternisant avec eux ! La garde royale et les suisses montraient une opiniâtreté de courage digne d'une meilleure cause. L'Hôtel-de-Ville fut pris et repris trois fois. Des élèves de l'école polytechnique dirigeaient les assaillants. Le drapeau tricolore flottait sur Notre-Dame. L'uniforme de la garde nationale et les glorieuses couleurs, qui reparaissaient, électrisaient les courages. La lutte était plus décidément contre le drapeau de l'ancien régime et la dynastie imposée par l'étranger. Les attaques de l'hôtel-de-ville, défendu par l'artillerie de Vincennes, furent d'admirables faits d'armes. Une multitude d'hommes à peine armés et sans chefs marchaient en rang contre la mitraille comme de vieilles troupes. Pas un officier général ne se présentait à la tête du mouvement. Peut-être avec des chefs eût-il bien moins réussi : l'enthousiasme ne se laisse pas discipliner. L'unité de but, d'action, de passion, valait le meilleur général. Le récit des divers engagements qui ont donné une illustration historique à plusieurs quartiers, ne peut trouver place ici : les traits d'héroïsme ne se peuvent citer. Des enfants rivalisaient d'intrépidité au feu avec d'anciens soldats redevenus citoyens.

L'instinct de la défense renouvela les barricades

si fameuses dans l'histoire de Paris. Des voitures de toute sorte furent renversées ; des monceaux de pavés furent accumulés en forme de bastions, inaccessibles à la cavalerie, et pouvant être défendus contre l'infanterie. Les beaux arbres des boulevards tombèrent pour servir à ces remparts de la liberté, tous les passages furent fortifiés.

(29 *juillet*). Les Suisses et la garde royale s'étaient repliés sur le Louvre et les Tuileries. On leur avait distribué de l'argent et du vin. Marmont avait fait savoir à la cour la difficulté de sa position, et la cour, toujours dans le même aveuglement, croyait avoir le dessus d'une émeute. Mais c'était sérieusement une révolution. Les insignes de la royauté et de la dynastie étaient effacés, arrachés de toutes parts. Les troupes royales, accablées de sommeil et pressées par la faim, opposèrent une assez faible résistance aux attaques furieuses des citoyens, plus nombreux et mieux armés que la veille. Le peuple entra aux Tuileries et y signala sa colère par la dévastation, en réprimant le pillage par la fusillade. Ainsi, après quarante ans, un trône était encore renversé comme au 10 août; mais cette fois il était lui-même coupable de sa chute dans le sang de six mille Français. Le 29 au matin, la lutte continuait dans la capitale avec le surcroît d'énergie que donnait au

peuple l'enthousiasme des succès de la veille. Alors les personnes de la cour, dont les conseils avaient été longtemps importuns au prince, élevèrent de nouveau la voix, et le conjurèrent de révoquer ses fatales ordonnances. M. de Sémonville, grand référendaire de la chambre des pairs, accourut à Saint-Cloud, et tenta un dernier et prudent effort pour concilier l'autorité vaincue du monarque avec la puissance du peuple courroucé. Le roi refusait encore d'ajouter foi à l'étendue du péril : enfin, lorsque le duc de Raguse eut évacué Paris et eut reparu à Saint-Cloud avec les débris de ses bataillons, Charles X céda, il révoqua ses décrets et ordonnances, et chargea le duc de Mortemart de composer un ministère. Il était trop tard, trop de sang avait coulé : la commission municipale de Paris, spontanément composée de MM. Jacques Laffite, Mauguin, Audry de Puyraveau, de Schonen, de Lobau, Casimir Périer et Lafayette, rejeta les ouvertures de la cour : le danger de celle-ci redoublait à chaque heure, des régiments passaient dans les rangs patriotes, le peuple des campagnes s'insurgeait de toutes parts, et Paris allait fondre sur Saint-Cloud. Dans la nuit du 29 au 30 juillet, Charles X ordonna le départ pour Versailles. Lorsqu'aux lueurs naissantes du jour il traversa, pour la dernière fois, le palais si longtemps témoin des pompes et des splendeurs royales, lorsqu'il aperçut le duc de Bordeaux, son petit-fils, prêt à le suivre en exil, des larmes sillonnèrent les joues du vieillard découronné. Quatre commissaires, savoir : M. le maréchal Maison, pair de France, MM. de Schonen, Odillon-Barrot, etc., furent désignés pour protéger le voyage du roi. Charles X partit de Rambouillet le 3 août, à dix heures et demie du soir, se dirigeant sur Cherbourg ; il arriva le lendemain à Maintenon où se fit le licenciement de l'armée, puis se dirigea sur Dreux et coucha le 5 à Verneuil, le 6 à l'Aigle, le 7 à Melleraut, le 8 à Argentan, où il séjourna jusqu'au 10, il traversa ensuite Falaise et coucha à Condé-sur-Noireau, puis le 11 à Vire, le 12 à Saint-Lô, le 13 à Carantan, arriva ensuite à Valognes, et le 16 août à Cherbourg où il s'embarqua à deux heures après-midi avec sa famille, accompagné d'une suite peu nombreuse, sur deux bâtiments américains qui le conduisirent en Angleterre.

Cependant, il était à craindre que l'union maintenue entre les citoyens de l'immense capitale, pendant la lutte, ne se brisât au moment où ils allaient choisir un nouveau gouvernement. Les uns désiraient la république, mais la sanglante image de la convention apparaissait entre leurs

vœux et ceux de la France : les autres, et c'était
la grande majorité, souhaitaient le maintien des
formes représentatives : mais pour qu'elles fussent
conservées, il fallait qu'il se rencontrât un homme
qu'une position particulière élevât au-dessus de
tous, et qui eût donné des gages incontestables de
son dévouement aux libertés publiques. Cet homme
existait, la France le possédait dans la personne de
S. A. R. Mr. le duc d'Orléans. Bien jeune encore à
l'époque de la révolution, ce prince avait adopté
les couleurs nationales et combattu aux premières
grandes journées où s'illustrèrent nos armes. Pro-
scrit, il ne s'était point présenté à l'étranger en
suppliant, ou en auxiliaire contre son pays; il
avait su conserver à l'aide de ses talents, une ho-
norable indépendance. Rétabli dans ses titres et
dignités, il brava seize ans les froideurs de la
cour, et fit donner à ses fils une éducation popu-
laire; il avait été l'ami du général Foy, et l'était
encore des hommes éminents de la littérature et
de la tribune. Comme la veille, les députés pré-
sents à Paris s'assemblèrent chez M. J. Laffite, et
s'occupèrent de l'organisation du gouvernement
provisoire. Après d'assez longues discussions, il
fut décidé que la lieutenance générale du royaume
serait offerte au duc d'Orléans. Une députation
fut envoyée au prince qui, retiré à Neuilly, lors

des événements, n'avait pas quitté cette résidence.
Le soir même, le duc revint au Palais-Royal, et
le lendemain matin 31 juillet, il fit afficher cette
proclamation.

« Habitants de Paris !

« Les députés de la France en ce moment réunis
à Paris, m'ont exprimé le désir que je me rendisse
dans cette capitale pour y exercer les fonctions de
lieutenant-général du royaume. Je n'ai pas ba-
lancé à venir partager vos dangers, à me placer
au milieu de votre héroïque population, et à faire
tous mes efforts pour vous préserver des calamités
de la guerre civile et de l'anarchie. En rentrant
dans la ville de Paris, je portais avec orgueil ces
couleurs glorieuses que vous avez reprises et que
j'avais moi-même longtemps portées. Les chambres vont se réunir, elles aviseront aux moyens
d'assurer le règne des lois et le maintien des
droits de la nation. La Charte sera désormais une
vérité.

« Louis-Philippe d'Orléans. »

Les députés convoqués par Charles X pour le
3 août, étaient arrivés en grand nombre et donnèrent leurs premiers soins à la révision de la

Charte, dont plusieurs articles depuis longtemps condamnés par l'opinion publique, furent modifiés ou supprimés. C'est ainsi que la religion catholique cessa d'être reconnue pour celle de l'état, et que le fameux article 14 disparut de la Charte nouvelle ; la liberté de la presse fut irrévocablement établie dans cette Charte par l'abolition de la censure ; les chambres eurent, comme le monarque, l'initiative dans la présentation des projets de loi ; il fut arrêté qu'il ne pourrait plus être créé de commissions et de tribunaux extraordinaires, et que la France reprendrait l'étendard aux trois couleurs. On fixa l'âge des députés à 30 ans, et la durée de leur mandat à 5 années. On convint qu'il serait ultérieurement statué sur la constitution de la chambre des pairs, et cette décision eut plus tard pour effet l'abolition de la pairie héréditaire ; enfin le préambule par lequel Louis XVIII déclarait octroyer la Charte à ses sujets fut supprimé comme blessant la dignité nationale. La Charte, ainsi modifiée, était suivie de dispositions particulières dans lesquelles les députés abolissaient toutes les pairies de la création de Charles X, et déclaraient qu'il était urgent pour la France d'obtenir par des lois séparées : 1° l'application du jury aux délits de la presse et aux délits politiques ; 2° la responsabilité des ministres et

2.

des autres agents du pouvoir ; 3° la réélection des députés promus à des fonctions salariées ; 4° le vote annuel du contingent de l'armée ; 8° l'organisation de la garde nationale avec l'intervention des gardes nationaux dans le choix de leurs officiers ; 6° l'assurance légale de l'état des officiers ; 7° des institutions départementales et municipales fondées sur un système électif ; 8° la liberté de l'enseignement ; 9° l'abolition du double vote, et la fixation des conditions électorales et d'éligibilité. L'acceptation de la Charte, ainsi rédigée, devenait la condition formelle de l'élection d'un nouveau roi. Avant de quitter la France, Charles X fit parvenir aux chambres son abdication et celle du dauphin en faveur du duc de Bordeaux, fils de la duchesse de Berry : mais les députés, consultant le vœu de la nation et l'intérêt le plus pressant de l'état, appelèrent au trône S. A. R. M^r. le duc d'Orléans et ses descendants, à perpétuité de mâle en mâle. Cette déclaration votée par 219 députés contre 33, fut aussitôt adoptée par la chambre des pairs à la majorité de 90 voix contre 10 (7 août 1830). Le surlendemain lundi 9 août, le duc d'Orléans accompagné de ses fils aînés, L. A. R. le duc de Chartres et le duc de Nemours, se rend en grand cortége au palais Bourbon, où sont réunis les pairs et les députés, ainsi que le corps diplomatique et une assemblée nombreuse. Il prend place sur un pliant disposé au-dessous du trône vacant, et après lecture faite de la déclaration des chambres, le prince se découvre, lève la main et dit : « En présence de Dieu, je jure d'observer fidèlement la Charte constitutionnelle, avec les modifications exprimées dans la déclaration ; de ne gouverner que par les lois et selon les lois ; de faire rendre bonne et exacte justice à chacun selon son droit et d'agir en toute chose dans la seule vue de l'intérêt, du bonheur et de la gloire du peuple français. » Le prince, après avoir signé la formule du serment, monta sur le trône, et de ce moment il fut reconnu pour roi des Français, sous le nom de Louis-Philippe I. Les cris de vive le roi! vive la reine ont éclaté avec force à la sortie de LL. MM. Le roi est retourné au Palais-Royal à cheval. La révolution de juillet accomplie en trois jours à Paris, ne rencontra aucun obstacle dans les départements. Charles X, son fils et le duc de Bordeaux, les princesses de leur famille et un petit nombre d'amis fidèles s'acheminèrent lentement vers l'exil. Ce fut d'abord en Écosse, au palais de Holy-Rood, illustré par les souvenirs de Marie-Stuart, qu'ils se réfugièrent ; quelques années plus tard, ils trouvèrent un asile dans les états de la maison d'Autriche, à Goritz.

Cependant, l'ébranlement causé par la révolution de juillet prolongeait sa durée. Le peuple avait peine à rentrer dans l'ordre; l'autorité affaiblie et contestée du nouveau roi parvenait difficilement à faire respecter les lois. La garde nationale qui avait pris pour emblème ces deux mots : « Liberté, ordre public, » se dévoua au maintien de la tranquillité. Le 11 août, le ministère fut composé ainsi qu'il suit : le comte Gérard à la guerre; le comte Molé aux affaires étrangères; M. Dupont (de l'Eure) à la justice; le comte Horace Sébastiani à la marine; le duc de Broglie à l'instruction publique et aux cultes, avec la présidence du conseil d'état; le baron Louis aux finances; MM. Jacques Laffite, Casimir Périer, Dupin et Bignon ministres sans portefeuille.

Le 13 août 1830, sa majesté Louis-Philippe I conféra au duc de Chartres, son fils aîné, le titre de duc d'Orléans et celui de prince royal qui le désignait comme héritier présomptif de la couronne. Les commandants de place, les généraux de tout grade, les pairs, les maréchaux de France et les membres de la chambre élective, à l'exception d'un très-petit nombre, les préfets et les employés salariés de toutes les classes, les corps judiciaires depuis le mince juge de paix jusqu'à la cour suprême de cassation, les administrations de tout genre, les conseils de département et d'arrondissement, les conseils municipaux et les maires, tous les régiments en masse, officiers et soldats : tous se hâtèrent d'envoyer leur adhésion, et les puissances étrangères un peu plus tard reconnurent le nouveau souverain que la France s'était donné. Cependant Louis-Philippe, en montant sur le trône, se trouva jeté au milieu des écueils ; tout était péril pour lui au dedans comme au dehors. Les partisans de l'ancienne dynastie s'étaient ouvertement déclarés contre lui, ceux qui venaient de faire la révolution voulaient en recueillir les fruits, et poussaient la France vers la république. L'Europe se montrait, sinon menaçante, du moins inquiète et mal disposée. Le roi ne désespéra pas de sa position. Pour calmer l'agitation intérieure, il pensa qu'il fallait s'opposer également aux deux partis extrêmes et s'appuyer sur cette masse de citoyens qui, n'ayant rien à gagner aux troubles politiques, ne demandent à un gouvernement que le calme et la sécurité. Ce système devenu fameux sous le nom de *juste-milieu*, obtint l'assentiment de la grande majorité des chambres ; une marche légale, modérée, qui ne froissait violemment aucun intérêt, ramena la tranquillité, lentement, il est vrai, mais d'une manière certaine, malgré les difficultés que sus-

citaient à chaque instant les partis. Le 5 septembre
1830, le roi nomma M. de Talleyrand à l'ambas-
sade de Londres. Deux mois après, le 2 novembre,
le ministère subit quelques modifications. MM.
Molé, Louis et de Broglie donnèrent leur démission et furent remplacés par MM. le maréchal Maison aux affaires étrangères, Laffite aux finances,
et Mérilhou à l'instruction publique.

On changea les armes de France ; elles repré-
sentent maintenant les armes d'Orléans, surmon-
tées de la couronne fermée avec le sceptre et la
main de justice en sautoir, et de drapeaux trico-
lores derrière l'écusson.

La chambre des députés avait mis en accusation
les derniers ministres de Charles X, signataires
des ordonnances. La chambre des pairs procéda à
leur jugement au mois de décembre. Pendant toute
la durée de ce procès célèbre, des multitudes
d'hommes égarés, avides de vengeance ou de pillage, environnaient le palais du Luxembourg en
poussant des cris de mort. Le général Lafayette
énergiquement secondé par la garde nationale,
parvint à sauver la vie des accusés et des juges.
Le prince de Polignac fut condamné à la déporta-
tion, les autres ministres à la prison perpétuelle.
Le gouvernement pontifical et le gouvernement
anglais ouvrirent des rapports diplomatiques avec

le nouveau gouvernement de la France. Les autres puissances suivirent cet exemple, mais avec défiance et froideur. Les cours de l'Europe redoutaient le contre-coup de la révolution et l'invasion des idées révolutionnaires. Cette crainte paraissait fondée : dès les premiers jours, après la révolution de juillet, les tories avaient été dépossédés du pouvoir à Londres ; des mouvements révolutionnaires avaient agité l'Allemagne ; au mois de septembre une insurrection éclata à Bruxelles, alors capitale du royaume des Pays-Bas. Les catholiques si long-temps opprimés par un pouvoir protestant, et réunis aux libéraux belges, affranchirent après trois journées meurtrières, leur pays de la domination des princes de la maison d'Orange. La Prusse eut un moment la pensée d'intervenir, mais elle s'arrêta devant les menaces de la France. Dès ce moment, la Belgique forma un royaume indépendant. Au mois de novembre 1830, pendant que la Russie se disposait, dit-on, à faire marcher des troupes sur le Rhin, une insurrection nationale éclata en Pologne. Ce pays, un moment soustrait à l'influence moscovite, se prépara à soutenir une lutte malheureusement trop inégale en faveur de ses droits. Le général Clauzel, nommé aussitôt la révolution de juillet, commandant en Algérie, continua la conquête de cette province sur les Arabes indigènes. Les villes de Bone et d'Oran tombèrent au pouvoir des Français. Le combat du col de Téniah, glorieux pour la France, fut suivi de la prise de Médéah. Ces succès méritèrent au général Clauzel le bâton de maréchal de France qui lui fut conféré l'année suivante.

1831   L'année 1831 s'ouvrit d'une manière sinistre. la misère du peuple, aigrie par une crise commerciale, s'accroissait tous les jours : les meneurs du parti des républicains en profitaient pour le pousser au désordre.

Dans les journées des 13 et 14 février, sous le prétexte d'une cérémonie expiatoire célébrée en mémoire du duc de Berry, se formèrent à Paris et menacèrent la religion et ses ministres des hordes de brigands, contre lesquelles on n'osa pas sévir ; elles se portèrent à Saint-Germain-l'Auxerrois, et y commirent d'odieuses profanations. Leurs excès ne se bornèrent pas là : en peu d'heures, elles se rendirent maîtresses de l'archevêché, le démolirent de fond en comble, jetant à la Seine les livres, les meubles, les vases saints et les ornements du culte. Les mêmes bandes se répandirent ensuite dans la ville et firent abattre les croix. Vers la même époque, des mouvements révolutionnaires troublaient l'Espagne, le duché de Modène, le duché de Parme, les états de l'église et plusieurs autres provinces d'Italie. L'excès du mal engendra la force de s'y soustraire. Le système de M. Laffite ne s'accordant plus avec celui du roi, le ministère se retira. Le 13 mars 1831, le nouveau cabinet fut composé de MM. Casimir Périer pour l'intérieur, du maréchal duc de Dalmatie pour la guerre, de M. le comte Sébastiani pour les affaires étrangères. Le baron Louis fut chargé du portefeuille des finances, et M. de Rigny fut appelé au département de la marine. Ce ministère entreprit de contenir la révolution et de l'assujettir au frein des lois. Cette œuvre de résistance souleva dans le sein des chambres, dans les clubs, dans les journaux les plus violentes tempêtes, mais la pensée du pouvoir prévalut. Insensiblement l'ordre matériel commença à se rétablir, le crédit à renaître. Les chambres, sur la proposition du gouvernement, organisèrent par des lois le système électoral, la garde nationale et le régime municipal de la France. Le cens électoral fut abaissé de 300 fr. à 200 fr., et celui d'éligibilité de 1,000 fr. à 500 fr. — Le congrès national de Bruxelles élut pour roi des Belges S. A. R. M^r. le duc de Nemours, deuxième fils du roi des Français. Des considérations qui se rattachaient au maintien de la paix publique en Europe ne permirent pas à ce prince d'accepter cette couronne.

Le congrès désigna alors pour roi le prince Léopold de Saxe-Cobourg. Les Hollandais entrèrent en Belgique pour y renverser par les armes le gouvernement national. Ils obtinrent d'abord des succès. Alors, S. M. le roi des Français fit marcher à la rencontre de l'ennemi une armée de 50,000 hommes, dont la seule présence contraignit les Hollandais à la retraite. La guerre durait en Pologne depuis six mois : les Polonais, réduits à leurs propres forces, ne purent point prolonger cette lutte héroïque. Les armées russes occupèrent Varsovie le 8 septembre. La nouvelle de ce désastre arriva en France et y occasionna des émeutes.

Une insurrection éclata à Lyon au mois de novembre : les ouvriers qui avaient pris pour devise : « Vivre en travaillant ou mourir en combattant, » se rendirent maîtres de la ville. Une armée, mise sous les ordres du prince royal et du duc de Dalmatie, ministre de la guerre, fit rentrer cette grande cité dans le devoir.

L'article 23 de la Charte qui accorde au roi la nomination des pairs de France, fut modifié. La nouvelle loi sur la pairie qui ne fut-promulguée que l'année suivante, décida que la dignité de pair ne serait plus transmissible par droit d'hérédité : une autre loi exila tous les membres de la famille des Bourbons aînés et maintint l'exil prononcé contre la famille Bonaparte.

L'Autriche avait comprimé toutes les insurrec- 1832 tions d'Italie, en même temps elle avait pris dans cette péninsule une grande prépondérance. Pour en contrebalancer l'effet, des troupes de France s'emparèrent d'Ancône et y tinrent garnison.

Dans les derniers jours de mars, le choléra-morbus qui, depuis seize mois avait pénétré en Europe, après avoir détruit près de 50,000,000 d'asiatiques, se manifesta inopinément à Paris et depuis sur plusieurs points de la France. Les ravages de ce fléau furent terribles. Les classes pauvres, dans leur sauvage ignorance, se crurent empoisonnées par les riches. Il y eut des massacres et des soulèvements bientôt apaisés par la force. Un grand nombre de personnages distingués en furent victimes. Les sciences perdirent le fameux Cuvier. Le 16 mai 1832, M. Casimir Périer, ministre de l'intérieur, affaibli de longue main par la phthisie pulmonaire et épuisé par les fatigues parlementaires, mourut victime de son zèle pour le bien public. Il n'était âgé que de 55 ans.

Plusieurs conspirations ou émeutes troublèrent à Paris la tranquillité encore mal affermie. Les radicaux prétendaient qu'on leur avait promis une monarchie fondée sur des institutions républicaines;

et certes ils auraient été bien embarrassés de défi-
nir ce qu'ils entendaient par ces mots à sens incom-
patible, quoique tout le monde comprît bien ce
qu'ils auraient voulu. Aussitôt se formèrent des
sociétés des droits de l'homme, des sociétés de pré-
tendus amis du peuple, des sociétés de Carbonari.
Ils publièrent des écrits virulents. Ce n'était plus
de la liberté, c'était de la licence sans frein. Le
gouvernement encore faible et chancelant eut le
bon esprit de s'appuyer sur la garde nationale, qui
dans tous les temps avait rendu les plus grands
services, et dont le licenciement avait été si funeste
à Charles X. Cependant les républicains profitaient
pour se concerter de la liberté illimitée qui régnait
encore ; ils n'attendaient qu'une occasion favorable
pour se réunir en force, et comme ils comptaient
sur le peuple de Paris, ils se berçaient de la douce
espérance de renverser le nouveau gouvernement
et de mettre à sa place cette république qui avait
laissé à la France de si précieux souvenirs.

Cette occasion se présenta aux obsèques du général Lamarque. Ils assistaient au convoi au nombre
de plusieurs centaines (5 juin 1832) ; on y voyait
des bandes qui marchaient sous un drapeau rouge,
avec des inscriptions analogues, telles que *la liberté
ou la mort*. Presque tous portaient cachés sous
leurs habits des pistolets, des poignards, des armes

de toute espèce. La querelle s'engagea entre une portion du cortége et un détachement de dragons qui stationnait sur un point de la route. On commença par lancer des pierres, on tira des épées, des coups de pistolets furent échangés. Les agresseurs gagnèrent la rue Saint-Martin; ils occupèrent quelques maisons où ils trouvèrent des armes et des munitions. Il paraît qu'ils avaient compté sur la sympathie des Parisiens; ils furent cruellement détrompés; on les laissa se défendre seuls et ils succombèrent. Une insurrection légitimiste éclata dans plusieurs départements de la Vendée; le gouvernement parvint à la comprimer. La duchesse de Berry, qui s'était rendue dans l'ouest et avait pris part à la guerre, fut trahie et arrêtée à Nantes, mais, peu de temps après, elle fut mise en liberté sur l'ordre de sa majesté.

Au mois de novembre 1832, une armée française, commandée par le maréchal Gérard, et ayant sous ses ordres les ducs d'Orléans et de Nemours, fut envoyée en Belgique. Elle avait reçu la mission difficile de conquérir la citadelle d'Anvers pour le roi des Belges, Léopold I, qui, le 10 août précédent, avait épousé, à Compiègne, la princesse Louise d'Orléans, fille aînée du roi. L'armée française fit ce qu'elle a fait tant de fois : elle cueillit de nouveaux lauriers; la citadelle d'Anvers, que les Hollandais disaient inexpugnable, fut obligée de se rendre après une défense opiniâtre qui honore le commandant hollandais.

Le 11 octobre 1832, un nouveau cabinet arriva en France au pouvoir. Le duc de Dalmatie fut président du conseil, ministre de la guerre; MM. Barthe, Thiers, de Broglie et Humann, furent ministres de la justice, de l'intérieur, des affaires étrangères et des finances. L'amiral de Rigny conserva le portefeuille de la marine, et MM. d'Argout et Guizot furent appelés aux ministères du commerce et de l'instruction publique. Le 22 juillet 1832, était mort, à Schœnbrunn, Napoléon-Charles-François-Joseph, duc de Reischtadt, ex-roi de Rome et fils de Napoléon. La Grèce fut constituée en royaume, le jeune Othon, fils du roi de Bavière, fut déclaré roi du nouvel état.

La statue de l'empereur Napoléon fut en grande pompe replacée sur la colonne de la place Vendôme. Le 3 avril, une insurrection révolutionnaire éclata à Francfort. —Don Miguel régnait en Portugal. En 1831, une flotte française força le Tage, et contraignit le gouvernement portugais à faire des réparations à des Français qui avaient eu à se plaindre de mauvais traitements. En 1833, don Pédro, éloigné du Brésil par une révolution, vint en Europe soutenir les prétentions de sa fille, dona Maria, au trône de Portugal. Ses armes, appuyés par l'influence de l'Angleterre, triomphèrent de la résistance de don Miguel. La jeune dona Maria fut proclamée reine de Portugal et don Pédro organisa dans ce royaume le régime constitutionnel. Ferdinand VII, roi d'Espagne, mourut et laissa par son testament le trône à sa fille Isabelle, âgée de trois ans. L'oncle de cette princesse, l'infant don Carlos, réclama pour lui la couronne en vertu de la loi salique. Ces prétentions réciproques causèrent, en Espagne, des agitations et des guerres civiles, qui ne sont point encore arrivées à leur terme.

Des réfugiés polonais et italiens, sous la conduite de Romarino, firent une tentative insurrectionnelle en Savoie. **1834**

En France, on parvint à dissoudre la société dite des *Droits de l'homme*, qui s'était organisée à Paris et sur divers points. Le gouvernement qui avait pris part à la chute de don Miguel, de concert avec le ministère anglais, couronna sa politique par un traité qui unissait l'Angleterre, la France, le Portugal et l'Espagne. Cette quadruple alliance fut le dernier acte politique de M. de Talleyrand. Une insurrection républicaine éclata à Paris, à Lyon, à Saint-Étienne, à Lunéville, à Arbois et dans quelques autres villes. A Paris et surtout à

Lyon, beaucoup de sang fut répandu dans le combat. Le gouvernement triompha sur tous les points, et livra les vaincus à la justice de la cour des pairs. La chambre des députés fut dissoute. De nouvelles élections donnèrent la majorité au système politique commencé par M. Casimir Périer et continué par M. Thiers et M. Guizot. Au mois de mai 1834, mourut à Paris le général Lafayette qui, après avoir contribué à l'établissement de la monarchie de juillet, était rentré dans les rangs de l'opposition constitutionnelle, à la chute du ministère Laffitte, le 13 mars 1831. Don Pédro et l'empereur d'Autriche moururent aussi cette année.

1835   La guerre civile prend en Espagne un nouveau degré d'énergie. En France, malgré les réclamations violentes du parti républicain, les auteurs et complices de l'insurrection de 1834 sont jugés et condamnés par la cour des pairs.

Le 28 juillet 1835, au moment où le roi, accompagné de ses fils et de son état-major, passait la revue de la garde nationale, une détonation épouvantable partit d'une des fenêtres de la maison n° 50, vis-à-vis le Jardin turc, boulevard du Temple. Le maréchal duc de Trévise, qui était près du roi, plusieurs officiers-généraux et des gardes nationaux furent tués, d'autres furent blessés, ainsi que quelques personnes que la cu-

riosité y avait attirées ; mais cette machine infer-
nale n'atteignit pas le roi, contre qui elle était dirigée. Cet attentat, le second de ceux qui furent
dirigés contre sa majesté, souleva dans le pays une
réprobation unanime. Fieschi, Morey et Pépin,
auteurs de ce grand forfait, furent condamnés à
la peine capitale.

Des lois, votées au mois de septembre, soumi-
rent la presse périodique à un régime plus sévère.

La guerre continuait en Algérie : le maréchal
Clausel, habilement secondé par les généraux Pé-
régaux et d'Arlanges, et par le colonel Combes,
franchit la première chaîne de l'Atlas, battit les
Arabes en plusieurs endroits et s'empara des villes
de Mascara et de Tlemcen, dont le capitaine Ca-
vaignac fut nommé commandant. S. A. R. le duc
d'Orléans, prince royal, avait pris une part très-
active à cette expédition.

Le ministère du 11 octobre fut remplacé le 22 fé- 1836
vrier 1836 par une nouvelle administration.
M. Thiers fut président du conseil et ministre des
affaires de l'extérieur ; M. de Montalivet eut le
portefeuille de l'intérieur. Le 25 juin, Alibaud,
membre des sociétés secrètes, entreprit de tuer le
roi. Mais la divine Providence conserva les jours
de sa majesté, qui ne fut point blessée. Le monstre
fut arrêté, et jugé par la chambre des pairs. Ayant

été condamné à mort, il subit la peine de son crime.

Louis Bonaparte, fils de l'ex-roi de Hollande et neveu de l'empereur, essaya de se rendre maître de Strasbourg ; mais il fut arrêté avec ses principaux complices. Le 6 septembre, M. Thiers et le ministère du 22 février firent place à un cabinet dont M. Molé et M. Guizot furent les chefs.

Le 6 novembre 1836, l'ex-roi Charles X mourut à Goritz, dans sa quatre-vingtième année. Au mois de novembre, une expédition fut dirigée contre Constantine, en Algérie ; l'armée, composée de 6,000 hommes seulement, se mit en marche au commencement de la saison pluvieuse. Le mauvais état des routes, ou plutôt l'absence totale de tout chemin praticable pour l'artillerie, les ruisseaux gonflés et devenus des torrents, et des pluies continuelles causèrent à l'expédition d'incroyables fatigues. L'assaut fut difficile. Les Français furent repoussés avec perte ; enfin menacés par les pluies et les orages d'une destruction totale, manquant de vivres et de munitions, ils furent obligés de battre en retraite. — Au mois de décembre, un nommé Meunier, obscur régicide, imite le crime de Fieschi et d'Alibaud ; il tire sur le roi des Français et le manque. La cour des pairs le condamne à mort, mais le roi lui fait remise de la vie.

Le ministère du 6 septembre fut renversé, et le 15 avril 1837, le roi composa le nouveau cabinet de M. Molé, aux affaires étrangères, avec la présidence du conseil ; de M. Barthe, à la justice et aux cultes ; de M. le lieutenant-général Bernard, à la guerre ; de M. de Montalivet, à l'intérieur ; de M. le vice-amiral Rosamel, à la marine ; de M. Lacave-Laplagne, aux finances ; de M. Martin (du Nord), au commerce, et enfin de M. de Salvandy, à l'instruction publique. Ce ministère, pendant toute son administration, s'est montré tout d'abord national et pacificateur. Il fit d'excellentes choses et en grand nombre, mais son principal titre à la reconnaissance du pays, c'est d'avoir, au nom du roi, proclamé l'amnistie et la politique de conciliation.

Le 30 mai 1837, S. A. R. Mgr. le duc d'Orléans, fils aîné du roi des Français, épousa à Fontainebleau la princesse Hélène de Mecklembourg-Schewrin. Des fêtes magnifiques furent données à cette occasion. Sa majesté le roi, après avoir rendu au palais de Fontainebleau une partie de sa splendeur passée, daigna encore, pour faire honneur à son fils et à sa belle-fille, inaugurer le musée de Versailles. Une amnistie générale fut accordée aux condamnés politiques. Cet acte du gouvernement de 1830 contribua à pacifier les esprits. La Chambre des députés fut dissoute. De nouvelles élections faites le 5 novembre assurèrent au ministère une majorité qui peu à peu se détacha de lui. Le maréchal Clausel fut rappelé en France ; on lui donna pour successeur en Algérie le général Damrémont. Celui-ci envoya le général Bugeaud contre Abdel-Kader, chef des Arabes. Le général Bugeaud conclut avec lui le traité de la Tafna, par lequel tout le littoral algérien restait à la France, et l'intérieur du pays aux indigènes. Au mois d'octobre 1837, l'armée française, commandée par le général Damrémont, qui avait sous ses ordres S. A. R. le duc de Nemours, le général Valée et les colonels Lamoricière et Combes, attaqua de nouveau Constantine. Le succès fut complet : la ville fut prise après un assaut terrible. Mais le général Damrémont fut emporté par un boulet qui l'atteignit au flanc gauche. Le général Valée, qui, par droit d'ancienneté, remplaçait le gouverneur, acheva de prendre la ville, et reçut pour prix de ses exploits le bâton de maréchal de France.

1838   Le gouvernement français contraint la Suisse à éloigner de son territoire Louis Bonaparte. — Le maréchal Lobau, commandant en chef des gardes nationales de la Seine, mourut cette année.

Le 24 août, madame la duchesse d'Orléans mit au monde un prince. Cet enfant de notre amour et de nos espérances, reçut du roi, son auguste aïeul, le nom de Louis-Philippe-Albert et le titre de comte de Paris.[1]

Le gouvernement, de concert avec le souverain pontife, Grégoire XVI, établit l'évêché d'Alger. — La foi chrétienne fut de nouveau prêchée aux Arabes. Au mois de mai précédent, les chambres avaient adopté une loi sur les justices de paix.

De vives luttes s'engagèrent dans le parlement français entre le ministère du 15 avril et ses adversaires. La chambre des députés fut dissoute. Mais de nouvelles élections (3 mars) enlevèrent la majorité au cabinet Molé qui se retira. Le ministère nouveau fut composé de M. le duc de Dalmatie aux affaires de l'extérieur, de M. Teste à la justice, de M. le lieutenant-général Schneider à la guerre, de MM. Duchâtel, Passy (Hippolyte) et Dufaure, à l'intérieur, aux finances et aux travaux publics.

Le 12 mai, une insurrection républicaine éclata dans Paris. Le gouvernement triompha de cette nouvelle attaque qui était dirigée par Barbès et Blanqui.

En Algérie, nouvelle campagne contre l'émir Abdel-Kader, qui avait rompu le traité de la Tafna. L'armée française, sous les ordres du prince royal et du maréchal gouverneur de l'Algérie, traversa le chaînon de l'Atlas qui porte le nom de Portes de fer, et après avoir défait les Arabes, rentra couverte de gloire à Bouffarik. — Le 31 décembre,

M. de Quélen (Louis), archevêque de Paris, mourut en cette ville. Quelques mois plus tard, le roi lui donna pour successeur M. Affre.

1840 La guerre continua en Algérie contre Abdel-Kader. 123 Français se défendirent héroïquement dans la forteresse de Mazagran contre 12,000 Arabes (le 6 février) ; ces 123 braves étaient sous le commandement du capitaine Lelièvre.—Le projet de loi sur la dotation du duc de Nemours ayant été rejeté à la chambre des députés, les ministres donnèrent tous leur démission.

Le 1er mars, M. Thiers fut nommé président du conseil, ministre des affaires étrangères ; M. Vivien, garde des sceaux, ministre de la justice ; M. de Rémusat eut le portefeuille de l'intérieur. En même temps, M. le général Cubières, MM. Jaubert, Roussin, Gouin, Pelet (de la Lozère) et Cousin furent promus aux ministères des travaux publics, de la marine, du commerce, des finances et de l'instruction publique. M. le général Sébastiani, ambassadeur à Londres, fut remplacé par M. Guizot et honoré du bâton de maréchal.

En 1840, la cherté des grains causa des troubles en France.

Le 27 avril, S. A. R. Mr. le duc de Nemours épousa à Saint-Cloud la princesse Victoire-Antoinette-Auguste de Saxe-Cobourg-Gotha. Trois mois auparavant, un autre prince de Cobourg (Albert) avait épousé la reine d'Angleterre (Victoria). Le maréchal Maison mourut cette année, et fut suivi de près au tombeau par M. le maréchal duc de Tarente.

Le 15 juillet, la Russie, la Prusse, l'Autriche et l'Angleterre signent à Londres un traité qui règle la question d'Orient en dehors de la France. Ce procédé inattendu rompt l'alliance anglaise. La France se prépare à la guerre.

Cette même année encore, Don Carlos et ses partisans, vaincus et trahis, sont réduits à chercher un refuge en France ; la ville de Bourges leur est donnée pour retraite.

Le 6 août, le prince Louis Bonaparte, neveu de Napoléon, fit une nouvelle tentative à Boulogne ; immédiatement arrêté, il fut traduit devant la chambre des pairs et condamné à une prison perpétuelle. Cette échauffourée n'aboutit qu'à la ruine du parti bonapartiste. Deux mois après, le 15 octobre, au moment où le roi allait à Saint-Cloud, accompagné de la reine et de S. A. R. madame Adélaïde, sa sœur, un scélérat, nommé Darmès, tira un coup de pistolet sur sa majesté, qui fort heureusement ne fut point blessé. Darmès fut déféré à la cour des pairs, condamné à mort et exécuté le 1er juin 1841.

Le 29 octobre 1840, M. Thiers et ses collègues

se retirèrent. Le duc de Dalmatie fut président du nouveau ministère et eut le portefeuille de la guerre; MM. Martin (du Nord), Duchatel, Guizot et Humann furent ministres de la justice, de l'intérieur, des affaires étrangères et des finances; l'amiral Duperré fut appelé au département de la marine, et le ministère du commerce fut confié à M. Cunin-Gridaine, celui des travaux publics à M. Teste, enfin celui de l'instruction publique à M. Villemain. M. de Saint-Aulaire fut nommé ambassadeur en Angleterre. Le cabinet du 29 octobre raffermit la paix, et obtint des chambres une loi nécessaire pour fortifier Paris.

Le 9 novembre suivant, madame la duchesse d'Orléans mit au monde un prince qui fut appelé Robert-Philippe, duc de Chartres : l'aîné des fils du duc d'Orléans portait le titre de comte de Paris.

Le 15 décembre, S. A. R. le prince de Joinville ramena en France les cendres de l'empereur Napoléon qu'il avait été chercher à Sainte-Hélène. Elles furent déposées avec pompe aux Invalides.

1841   La guerre se poursuit depuis onze ans en Afrique contre les races arabes qui nous disputent la possession de l'Algérie. M. le général Bugeaud, nommé récemment gouverneur général de la province en remplacement du maréchal Valée, obtient quelques avantages sur l'ennemi.

A son retour en France, M^r. le duc d'Aumale (4e fils du roi), après avoir pris une part active à la guerre, est exposé à un complot dirigé contre lui par plusieurs assassins (13 septembre). Quénisset, auteur de ce crime, est jugé par la chambre des pairs, ainsi que M. Dupoty, rédacteur du *Journal du peuple*.

Des troubles graves éclatèrent à Toulouse, Bordeaux et Clermont et sur plusieurs points du royaume à l'occasion du recensement, mais ils furent comprimés. Cette année vit périr le duc de Bellune, maréchal de France, et M. Garnier-Pagès, député.

La chambre des députés fut dissoute, les élections assurèrent au ministère du 29 octobre une majorité plus compacte. Le 20 avril, la France perdit encore une de ses gloires militaires, le maréchal duc de Conégliano, âgé de 87 ans; il eut pour successeur dans la place de gouverneur des Invalides le duc de Reggio. M. Humann, ministre des finances, mourut aussi, et fut remplacé par M. Lacave-Laplagne.

Le 13 juillet 1842, S. A. R. M^r. le duc d'Orléans, prince royal, mourut à Neuilly, des suites d'une chute de voiture, à l'âge de 32 ans. Prince doué de qualités heureuses, et qui emporta dans la tombe de nombreux regrets. Les chambres sont immédiatement convoquées ; elles rendent une loi qui décerne pour l'avenir la régence à S. A. R. Mʳ. le duc de Nemours. Au mois de novembre, la France s'empare des îles Marquises et de l'île d'Otaïti.

1843   M. l'amiral Duperré quitta le ministère et fut remplacé au département de la marine d'abord par l'amiral Roussin, et ensuite par le vice-amiral de Mackau. MM. les généraux d'Erlon et Bugeaud furent élevés à la dignité de maréchaux. — Le 8 février, un tremblement de terre renversa la ville de la Pointe-à-Pitre (Guadeloupe). Au mois d'avril, la princesse Clémentine d'Orléans épousa le duc de Saxe-Cobourg-Gotha. Peu après S. A. R. le prince de Joinville épousa à Rio-Janeiro (Brésil) la princesse Françoise de Bragance. — Au mois de septembre, S. M. Victoria, reine d'Angleterre, et le prince Albert vinrent visiter le roi des Français et sa famille au château d'Eu.

FAMILLE ROYALE D'ORLÉANS.

LOUIS-PHILIPPE I, né à Paris, 6 octobre 1773, succède le 31 juillet 1830 à Charles X, déchu du trône de France, le 30, comme lieutenant-général du royaume; élu roi des Français, le 9 août de la même année; marié le 25 novembre 1809, à

MARIE-AMÉLIE, des Deux-Siciles, née 26 avril 1782, reine des Français.

Belle-fille et petits-fils du Roi.

Hélène-Louise-Elisabeth de Mecklembourg-Schwerin, née le 24 janvier 1814, veuve le 13 juillet 1842, de Ferdinand-Philippe-Louis-Charles-Henri d'Orléans, duc d'Orléans, prince royal, avec lequel elle s'était mariée à Fontainebleau, le 30 mai 1837. De ce mariage :

1° Louis-Philippe-Albert d'Orléans, comte de Paris, prince royal, né à Paris, 24 août 1838.

2° Robert-Louis-Philippe-Eugène d'Orléans, duc de Chartres, né à Paris, 9 novembre 1840.

Enfants du Roi.

Louis-Charles-Philippe d'Orléans, duc de Nemours, né à Paris, 25 octobre 1814, lieutenant-général, marié à Saint-Cloud, 27 avril 1840, à

Victoire-Antoinette-Auguste de Saxe-Cobourg-Gótha, née le 16 février 1822. De ce mariage:

Louis-Philippe-Marie-Gaston, comte d'Eu, né à Neuilly, le 29 avril 1842.

François-Ferdinand-Philippe d'Orléans, prince de Joinville, amiral, né à Neuilly, 14 août 1818, marié le 1 mai 1843, à la princesse Françoise de Bragance.

Henri-Eugène-Philippe-Louis d'Orléans, duc d'Aumale, maréchal de camp, né à Paris, le 16 janvier 1822.

Antoine-Philippe-Louis d'Orléans, duc de Montpensier, lieutenant d'artillerie, né à Neuilly, 31 juillet 1824.

Louise-Marie-Thérèse-Charlotte d'Orléans, princesse d'Orléans, née à Palerme, 3 avril 1812, mariée à Compiègne, 9 août 1832, à Léopold, roi des Belges. De ce mariage :

1° Léopold-Louis-Philippe-Marie-Victor, prince royal, né le 9 avril 1835.

2° Philippe-Eugène-Ferdinand-Léopold, né le 25 mars 1837.

3° Marie-Charlotte-Amélie, née le 7 juin 1840.

Marie-Clémentine, princesse d'Orléans, née à Neuilly, 3 juin 1817,

Sœur du Roi.

Eugénie-Adélaïde-Louise, princesse d'Orléans, née 23 août 1777.

Gendre du Roi.

Alexandre-Frédéric-Guillaume de Wurtemberg, né 20 décembre 1804, veuf 2 janvier 1839, de Marie-Christine-Caroline d'Orléans. De ce mariage :

Philippe-Alexandre-Marie-Ernest, né 30 juillet 1838.

FIN.